HENRI

DE BOURBON.

MARSEILLE,

CHEZ BOUSQUET, LIBRAIRE, PLACE NOAILLES, 43.

—

1839

HENRI
DE BOURBON.

EXTRAIT DE LA GAZETTE DE FRANCE.

Détournons un moment nos regards du spectacle des passions qui se heurtent et des intérêts rivaux qui se livrent bataille, pour contempler la suite providentielle d'une jeune vie où le doigt de Dieu est partout, et le progrès d'une éducation à laquelle chaque événement semble destiné à apporter sa leçon.

Cette vie, protégée d'En-haut dès son premier jour, commence par une merveille. La nuit profonde dans laquelle le dernier flambeau de la race des Bourbons s'était éteint, s'illumine tout à coup. La France, qui s'était agenouillée auprès d'un sépulcre, se retire en tenant dans ses bras un berceau rempli d'espérance; Henri de Bourbon, sortant des ombres du passé où sa glorieuse maison paraissait être pour jamais rentrée, se présente devant tous les regards, le front rayonnant d'avenir.

Tous les grands principes, toutes les grandes voix saluent cette merveilleuse naissance. Le nonce appelle le nouveau né l'enfant de l'Europe; M. de Lamartine, le poète à la voix inspirée, l'appelle l'enfant du Miracle; M. Victor Hugo, alors royaliste et chrétien, l'appelle l'enfant de la Gloire; et

M. de Châteaubriand, ce roi de la parole écrite, qui avait répandu les larmes éloquentes de son génie sur le tombeau du père, prête les enchantements de son style à l'allégresse publique pour célébrer la venue du noble enfant. En même temps le captif de Sainte-Hélène, qui semblait n'avoir prolongé sa douloureuse carrière que pour voir le renouvellement de l'ancienne dynastie de la France, se couche sur son rocher pour ne plus relever sa tête, et de son étroite prison se fait un large tombeau. La même année, année mémorable, est marquée par la naissance du petit-fils de Louis XIV et par la mort de Napoléon. Il semble que devant les destinées providentielles de ce jeune berceau, les destinées impériales se retirent. Le magnifique empereur dont le talon d'airain foula si longtemps les routes de la fortune, descend les marches du théâtre du monde, au moment où Henri de Bourbon met le pied dans la vie, afin qu'on sache bien que les grands hommes passent et qu'il n'y a que les grands principes qui soient immortels.

La nouvelle de la naissance de Henri de Bourbon répand partout d'inexprimables allégresses. Le Midi s'énorgueillit de voir une de ses villes donner son nom au jeune duc, tandis que la noble Vendée s'agenouille sur les tombes de Henri de Larochejacquelain et de Cathelineau, afin de prier pour le fils de la veuve et du martyr. Les trente-cinq mille communes de France, semblant pressentir en lui un libérateur, ne veulent pas demeurer en arrière : alors s'ouvre cette souscription de Chambord, fait sans précédent dans nos annales, et qui nous montra le denier populaire se mêlant à l'offrande du riche pour doter le fils des rois. Tant la France était empressée à lui exprimer son amour. Tant il est vrai que tout ce qui accompagnait ou suivait cette naissance extraordinaire devait être marqué d'un sceau particulier !

Le moment est venu de signaler un nouvel aspect de cette protection providentielle qui veille sur Henri de Bourbon depuis le commencement de sa carrière. C'est pendant les premières années de sa vie, consacrées à l'éducation dont nous venons d'esquisser l'ensemble, qu'on voit s'engager entre la maison de Bourbon et un système politique, cette lutte qui devait aboutir à la révolution de juillet. Par le bénéfice de son âge, le prince reste en dehors de ce débat. Il traverse le présent sans s'y mêler, et continue sa route vers l'avenir.

Cet amas de haine soulevé contre sa famille, cette opposition ardente, passionnée, furieuse, ces calomnies, ces colères, ne sont point pour lui de la politique, et ne seront un jour que de l'histoire. Il s'entoure de l'inviolabilité de l'heureuse ignorance de son âge au moment où l'inviolabilité royale va manquer aux fronts couronnés. Il semble que la Providence veuille qu'il n'ait rien à oublier, et que pas un visage ne puisse, en se présentant devant ses regards, lui rappeler un fâcheux souvenir. Il n'a rien vu, il n'a rien à pardonner.

Pendant que la révolution assiège les avenues du trône, il joue sur les degrés du trône sans avoir le sentiment ni la connaissance des luttes qui se livrent et qui se préparent. Tout ce présent ne saurait être pour lui que du passé, car s'il est quelque chose, il ne saurait être que l'avenir. Non-seulement il est innocent, mais, ce qui est bien plus encore, on est innocent envers lui.

Quand ces terribles querelles se sont envénimées; et que le gouvernement parlementaire, décidé à se mettre au-dessus du gouvernement royal, a fait un dernier effort, la catastrophe de juillet éclate comme un coup de tonnerre, et une monarchie de quatorze siècles est détruite en trois jours.

Alors les regards effrayés se portent vers l'enfant du 29 septembre. Ceux qui savent s'élever au-dessus des considérations vulgaires et juger de plus haut les hommes et les situations, redoutent alors, de toute la perspicacité de leurs prévisions, l'événement que d'autres appellent de tout l'aveuglement de leurs espérances. Ils se demandent si cette destinée jusques-là si belle, si pure, si libre de tout engagement, va se trouver mêlée aux épreuves qui doivent suivre, si cette innocence va encourir la responsabilité des perturbations qu'elle ne pourra ni empêcher, ni prévenir, si cette espérance va être fanée dans son germe?

Tandis que les hommes s'agitent et s'interrogent, Dieu tonne au plus haut des cieux, comme parle Bossuet, et les clairvoyants sont frappés d'aveuglement, les habiles s'égarent. Ils rejettent, comme un obstacle, l'instrument qu'ils auraient pu garder pour en faire usage. L'enfant du 29 septembre, qui était apparu dans la tempête de 1820 pour la calmer, disparaît dans la tempête de 1830, pour ne pas en être la victime, et quand les regards le cherchent à l'horison, ils le trouvent de l'autre côté des grandes eaux, sous la garde de Dieu et à l'abri d'un exil providentiel.

Vous le voyez, la religion, l'horreur de l'injustice, l'amour de la vérité, une énergique répulsion contre les oppresseurs, une vive sympathie pour les opprimés ; voilà les premiers traits qui se dessinent dans le caractère de Henri de Bourbon. A sept ans il ne connaît point la flatterie, il ne peut supporter un mensonge, il sait déjà souffrir sans se plaindre, réfléchir avant d'agir ; il est loyal par nature, il devra sa prudence à l'éducation. Ajoutons que la providence l'a doué d'une fermeté précoce, et qu'il se fait de bonne heure une grande idée de la dignité qu'imposent le nom d'homme et la qualité de prince. Un jour, nous disait M. de Barande, Mme. de Gontaut l'ayant réprimandé sévèrement sur une faute qu'il avait commise, il ne fit paraître aucune émotion en sa présence, mais dès qu'elle se fut retirée ses sanglots éclatèrent. M. de Barande lui demanda comment il se faisait qu'il eût attendu ce moment pour donner des marques si vives de chagrin : « Est-ce que vous croyez, répliqua « le prince avec une dignité enfantine, que je voudrais pleu- « rer devant une femme? »

Tandis que dans ces premiers bégaiements d'une volonté qui commence à naître, le caractère de Henri de Bourbon s'annonce, les habiles instituteurs auxquels est confiée son instruction, s'appliquent à développer et à cultiver son esprit. Tout d'abord, ils remarquent un défaut nuisible chez un simple particulier, plus dangereux encore chez un enfant destiné à régner. Le prince est timide, mais on a trouvé un moyen tout puissant de dissiper cette timidité. Au lieu de travailler en particulier, Henri de Bourbon travaille en public.

Quiconque demande à assister à ses leçons, pair de France, député, militaire, magistrat, fabricant, est admis aux Tuileries. Le jeune prince devra à ce système habilement appliqué l'habitude précieuse de penser et de parler facilement devant un nombreux concours de personnes. On a inventé pour l'exciter au travail, un moyen digne de la race aumônière dont il sort. Ses efforts sont récompensés par des bons que paie le roi son aïeul, et le montant de ces bons est destiné à habiller, le jour de la saint Henri, six vieillards et six enfants.

C'est ainsi que se passent les années qui séparent la naissance de Henri de Bourbon de la révolution de 1830. Cette première éducation si importante se poursuit sans rien perdre de sa rectitude, sans être atteinte par aucun des vices qui accompagnent ordinairement la prospérité. Elle est ferme sans être rude ; elle s'adresse au cœur sans oublier l'intelligence ; elle ne traite pas Henri enfant en homme, mais elle le traite en enfant qui doit régner. Le corps se trouve développé en même temps que l'esprit.

Henri est de bonne heure d'une agilité singulière. Les courtisans qui s'évertuent à suivre cette vive jeunesse à Bagatelle ou dans les vertes allées de Saint-Cloud, sont bientôt obligés de demeurer en arrière ; leur dévoûment essoufflé demeure à mi-chemin et s'arrête pour respirer ; on voit que ce jeune prince a dans les veines du sang de ce béarnais qui fatiguait son cousin, M. de Mayenne, à le suivre. Dès ce temps-là on remarque chez ce jeune prince un goût prononcé pour tout ce qui se rattache à la science de la guerre. Veut-on lui graver un souvenir géographique dans la mémoire, il suffit d'y placer la bataille qui s'y donna, de raconter la victoire qui y fut remportée, dès-lors il n'oubliera plus le cadre, attaché qu'il est à un glorieux tableau.

Par suite de cette influence providentielle, il a suffi à Henri de Bourbon de naître pour relever la fortune de sa maison. Les combinaisons de ses ennemis sont confondues, les espérances de ses amis se raniment, les périls s'éloignent, les alarmes s'apaisent. Un frêle enfant est devenu le support d'un trône de quatorze siècles, et, répandant sur la France des bienfaits avant de la connaître, le nouveau né lui apporte la sécurité et l'ordre, comme dons de joyeux avénément. C'est alors qu'un grand ministre à qui il fut permis d'arriver aux affaires, se pencha sur ce berceau qui contenait la fortune de la monarchie, et y puisa de sa forte main sept années de prospérité et de gloire qu'il donna à la France.

Ici commence cette éducation qui devait former le cœur de l'homme et l'intelligence du prince. Par une merveille qui n'est pas la moins étonnante de toutes les merveilles qu'on a énumérées, la flatterie en est exclue, dès l'origine, comme un poison. Mme de Gontaut, qui eut l'honneur de voir les premières années du jeune prince commises à sa garde, écrivait à M. le duc de Rivière en remettant entre ses mains son élève : « La moindre flatterie a été sévèrement « réprimée, la vérité a été toujours scrupuleusemen obser- « vée. Un enfant prince, exposé à être loué, court le risque « de se croire un prodige. » Puis viennent des détails pré- cieux sur ce qu'on pourrait appeler le tempéramment moral du prince. « Je suis heureuse d'affirmer, poursuit la noble « gouvernante, que monseigneur est vrai jusqu'au scrupule. « J'ai cru nécessaire, en raison de la vivacité de son carac- « tère et de la haute destinée qui l'attend, de le contraindre « à réfléchir avant d'agir. Le mot justice est un vrai charme « pour lui. Je n'ai jamais vu un cœur plus loyal. »

Ne craignons pas de mettre en lumière les premiers linéa- ments de ce caractère qui se forme, et de reporter les re- gards sur ces détails, expression authentique des naissantes qualités qui s'étaient déjà révélées chez le jeune prince, lorsque son éducation fut confiée aux soins d'un gouverneur. « La droiture et la générosité de son caractère, dit la même « lettre, le portent à tout prendre au sérieux. Quand il croit « apercevoir que l'on fait de la peine à quelqu'un, celui qui « lui paraît opprimé devient alors l'objet de son vif intérêt ; « il prend sa défense avec chaleur et n'épargne pas les re- « proches aux personnes qu'il aime le mieux ; il montre « même dans ces occasions une grande énergie. » Puis vien- nent d'autres détails non moins intéressants : « Monseigneur « parle peu de ce qu'il éprouve. Il a beaucoup de sensibilité, « mais un pouvoir sur lui-même remarquable à son âge ; je « l'ai vu souffrir sans se plaindre. »

La religion devait occuper une grande place, même dans la première éducation d'un héritier de saint Louis. Cette place elle l'occupa, comme le passage suivant en rend té- moignage : « Dans toutes les occasions, j'ai cherché à rame- « ner l'esprit de Monseigneur vers la morale et la religion. « Je m'en suis servie comme d'un frein, je l'ai présentée « comme espérance. » Ce remarquable rapport sur les pre- mières années de Henri de Bourbon, se termine par ces pa- roles pleines d'une religieuse tendresse et d'une confiance touchante et douce, paroles écrites par la main de Mme de

Gontaut, mais qu'elle semblait avoir puisées dans le cœur de la France : « Le passé n'est plus rien pour moi, c'est « dans l'avenir que je cherche, que j'entrevois un grand « prince. Qu'il le soit donc ce cher enfant ; qu'il réponde « au prodige de sa naissance, à tous nos vœux ! Qu'il soit « pieux sans superstition, savant sans orgueil ; qu'il puise « sa force dans sa loyauté, sa sagesse ! Puisse-t-il enfin « être un jour votre gloire et l'honneur de la France. »

Dans son bel éloge du Dauphin, Thomas, après avoir parlé de tous les soins apportés à son éducation, s'écriait : « Il ne manque à tant d'enseignements que le sceau de l'ad-« versité. » Ces leçons ne manqueront pas à Henri de Bourbon. On a réussi à préserver les années de son enfance du poison de la flatterie, mais il y a une tâche plus difficile, c'est de mettre sa jeunesse à l'abri de ce dangereux inconvénient des prospérités. Qui pourvoira à ce péril ? La Providence y pourvoit, comme elle a pourvu au reste. Au moment où l'enfance s'arrête, où l'adolescence va commencer, où la jeunesse doit bientôt suivre, et où les princes, élevés sur les marches du trône et dans les splendeurs de la puissance, sont naturellement exposés, énivrés qu'ils sont de leur rang et de leur majesté, à prêter l'oreille aux décevantes adulations qui les assiégent, Dieu prend cette éducation dont le succès est menacé, la met sous la protection de l'adversité.

Ainsi, le bienfait dont l'enfance du prince a joui sera continué à sa jeunesse. Ce n'est point tout encore. Que les passions s'irritent, que les catastrophes se succèdent, que les nuages s'amoncèlent, que les tonnerres éclatent, l'enfant du 29 septembre est à l'abri. D'un côté, son intelligence et son cœur ne se développeront pas dans l'ardente atmosphère des fureurs politiques, mais dans le calme et dans la solitude ; de l'autre, cette précieuse irresponsabilité dont il avait joui par le bénéfice de son âge, il continuera à en jouir par le bénéfice de son absence. Il est en dehors des malheurs de son pays. Son nom ne saurait être mêlé à la plainte publique. Quoiqu'il arrive, il est protégé contre les accusations par son éloignement, et si l'on n'a point voulu respecter l'inviolabilité royale en la personne de son aïeul, il échappe aux reproches par l'inviolabilité de l'exil.

Pour faire valoir combien l'empreinte de la main de la Providence est visible et manifeste dans ce double résultat, il suffit de rechercher ce qui serait advenu sans cet éloignement salutaire.

Supposez un moment que Henri de Bourbon soit demeuré en 1830, son éducation est livrée aux hommes du libéralisme. Son intelligence est faussée, les heureuses qualités de son caractère et de son esprit demeurent inutiles. Tous les efforts sont employés à incliner cette jeune plante à des leçons corruptrices. On l'empoisonne à l'intellectuel comme on empoisonna le fils de Louis XVI au physique. Cette généreuse nature s'étiole, cet amour du vrai s'éteint, la fleur, privée d'air et de soleil, languit dans la mortelle atmosphère des mauvais principes ; le dernier descendant de la grande race s'affaisse peu à peu sous une phtysie morale qui fait chaque jour de nouveaux progrès. Cette anarchie des idées qui règne dans l'époque où nous sommes, on l'introduit dans son intelligence. On le nourrit de poisons, et on l'abreuve de venins. Ah ! c'est alors que le libéralisme aurait pu triompher à juste titre, alors qu'il serait vraiment resté victorieux, alors qu'il aurait dû lever plus haut le front que le jour où il s'empara du Louvre majestueux et des magnifiques Tuileries, car, cette fois il n'eût pas seulement arboré son drapeau dans les murailles froides et inanimées d'un palais désert, mais il aurait implanté dans la tête et le cœur même du petit-fils de Louis XIV ses principes et ses idées.

Supposez que Henri de Bourbon soit demeuré en 1830 ; tout se fait sans lui et cependant en son nom. C'est en son nom que la Pologne est excitée à prendre les armes, puis abandonnée ; que l'Italie est poussée à la révolte, puis délaissée ; en son nom que la Belgique s'offrant d'elle-même à la France, est refusée ; en son nom que la Belgique demandant à être secourue dans l'affaire du Limbourg et du Luxembourg, est sacrifiée. C'est sous son nom que des ministres aveugles ou coupables mettent la fortune de la France aux ordres de l'Angleterre et sacrifient à des calculs égoïstes nos intérêts et notre gloire. Tout ce qui s'est fait depuis 1830 s'accomplit de même, car la révolution est maîtresse du pouvoir, et Henri de Bourbon n'est entre ses mains qu'un instrument et un ôtage ; mais, par une différence toute au désavantage du jeune prince, la révolution contresigne de son nom la politique de 1830, et elle rend son innocence coupable de nos malheurs.

La protection de Dieu, qui veille visiblement sur lui depuis sa naissance, ne l'a point permis. Elle le dérobe à la fois au péril d'une éducation corruptrice et d'une responsabilité fatale.

On a vu comment il aurait été élevé s'il était demeuré en France en 1830; voilà comment il a été élevé dans l'exil. Au lieu de lui donner l'éducation molle et complaisante qu'on essaie de faire accepter par les princes heureux, on lui a donné l'éducation forte, sévère, complète, qui convient aux princes visités par l'adversité. Des hommes éminents par l'élévation de leurs idées et la loyauté de leur caractère, tels que M. de Bouillé, M. Emmanuel de Brissac, M. le duc de Lévis, M. de Champagny, M. d'Hautpoul, M. de Montbel, se sont succédés auprès de lui avec les fonctions de gouverneurs. Des maîtres d'une science profonde, tels que MM. de Barande et Mounier, tous deux anciens élèves de l'École polytechnique, et M. Cauchy, l'un des premiers mathématiciens que compte la France, lui ont apporté le secours de leurs enseignements. Celui qui a été appelé à remplir auprès du jeune prince les fonctions que Bossuet et Fénélon remplirent auprès des petits-fils de Louis XIV, c'est un des plus vénérables, des plus sages et des plus illustres prélats de France, c'est Mgr. l'évêque d'Hermopolis, qui, au commencement du siècle, ramena la jeunesse française à la religion de saint Louis par ces célèbres conférences de Saint-Sulpice, dont le souvenir est resté dans toutes les mémoires.

Que si l'on donnait une indication de la manière dont les études du jeune prince ont été dirigées sous ces heureux auspices, ce serait une nouvelle preuve qui ferait ressortir la protection dont l'entoure la Providence. Pour commencer par la religion, cette base de toutes les éducations, et surtout des éducations princières, M. l'évêque d'Hermopolis a adopté tous les principes posés par Fénélon dans ses *Directions pour la conscience d'un roi*. Ainsi, il a répété souvent au prince : « Qu'un roi doit étudier sérieusement ce qu'on
« nomme le droit des gens, aussi bien que les lois fonda-
« mentales et les coutumes qui ont force de loi dans le
« royaume; qu'il doit savoir ce que c'est que l'anarchie et
« ce que c'est que la puissance arbitraire, et ce que c'est
« que la royauté réglée par les lois, milieu entre ces deux

extrêmités. (1) » Le célèbre précepteur a dit encore avec Fénélon : « Que le bien des peuples ne doit être employé « qu'à la vraie utilité des peuples mêmes, et qu'on doit re- « trancher, dans un temps de pauvreté publique, toutes les « charges qui ne sont pas d'une absolue nécessité. »

Il lui a aussi répété ces belles paroles, au sujet du choix des conseillers : « En ne comptant pour rien dans le choix « des hommes la vertu et les talents, c'est à tout un état que « l'on fait une injustice irréparable. Le devoir d'un prince « est de choisir pour les premières places les premiers hom- « mes. « Quand il s'est agi de la vigilance qu'un prince doit apporter à défendre les intérêts extérieurs de la société, les paroles de Fénélon ne lui ont pas manqué pour dire : « Cha- « que nation est obligée à veiller sans cesse pour prévenir « l'excessif agrandissement de chaque voisin, pour sa sûreté « propre. Ainsi, chaque prince est en droit et en obligation « de prévenir un accroissement de puissance qui jetterait « son peuple dans un danger prochain de servitude sans « ressource. » Lorsqu'il s'est agi de montrer combien il importe à un prince d'être instruit, les expressions de Féné- lon se sont encore trouvées naturellement dans la bouche de M. Frayssinous : « Un roi ignorant, dit l'évêque de Cambrai, « n'est qu'un demi-roi. Son ignorance le met hors d'état de « redresser ce qui est de travers. Son ignorance fait plus de « mal que la corruption des hommes qui gouvernent sous « lui. » Admirable religion qui commande aux princes tout tout ce que l'intérêt des peuples leur demande !

Mais l'instruction profonde et variée du jeune prince l'a toujours mis à l'abri de ce reproche d'ignorance. Ses études ont été dirigées de manière à lui donner une teinture générale de ce qu'un prince doit seulement connaître, et une intelli- gence approfondie de ce qu'un prince doit savoir. Deux sciences ont été surtout poussées très loin, l'histoire et l'art militaire. L'histoire ne lui a pas été présentée comme un re- cueil de faits, ni comme un tableau de dates, on l'a accou- tumé de bonne heure à en tirer des conclusions et à en ap- précier l'esprit. Le prince a saisi, à travers les différents âges de la monarchie, le progrès des grandes institutions natio-

---

(1) Ces instructions sont tirées des *Directions* de Fénélon.

nales. Ainsi il a étudié les phases différentes du pouvoir royal, il a vu ce qu'il y a de fixe dans l'institution, ce qu'il y a de variable dans les accessoires, ce qu'elle a de permanent, et en quoi elle peut se conformer aux nécessités des sociétés. Il a compris que la royauté, pour être immuable dans son principe, ne devait pas pour cela être immobile. Il l'a considérée comme le centre d'un cercle qui s'est élargi de siècle en siècle, et comme l'éternelle alliée du droit commun contre tous les monopoles et toutes les féodalités.

Les penchants de son enfance pour l'art militaire se sont continués dans sa jeunesse. Les commentaires de César, la guerre de trente ans de Schiller, voilà ses deux livres de prédilection. Il a hérité de l'admiration du grand Condé pour l'illustre Romain dont les campements excitaient l'enthousiasme du vainqueur de Rocroy, et il ne peut se lasser de lire dans l'histoire de Schiller le récit de la bataille de Lutzen. Les habiles leçons de M. Mounier lui ont rendu la connaissance de la stratégie familière. Il a étudié les grandes batailles qui ont été livrées en Allemagne sur les lieux mêmes qui en ont été le théâtre. Aujourd'hui il saisit avec précision et rapidité le faible et le fort d'un ordre de bataille, la faute décisive d'une campagne, car dans l'art militaire comme dans l'histoire il est doué d'une grande sûreté de coup-d'œil.

Il sait de la littérature ce qu'il faut en savoir pour sentir et admirer les beautés intellectuelles des grands modèles. Quoiqu'il ait montré moins de dispositions pour les langues que pour le reste, il possède par principe, outre sa langue natale, l'allemand, l'italien et l'anglais. Il a cependant quelque répugnance à se servir de ces langues, et, comme on lui en faisait la réflexion, il répondit : « Que voulez-vous ? je pense toujours en français ? »

Ces détails ne sont pas un roman, mais un précis scrupuleusement exact. Les adversités de Henri de Bourbon ont été visitées : eh bien ! qu'on interroge M. de Châteaubriand, M. Frayssinous, M. de Barande, M. de Laferronais, M. de Latour-Foissac, M. de Conny, M. Mounier, M. de Lévis, M. d'Hautpoul, M. de la Rochefoucault, et tant d'autres qui ont présidé à l'éducation du prince ou l'ont souvent interrogé sur ses études, ils témoigneront de la fidélité de nos renseignements et de la vérité de nos assertions. Quand au moral du jeune disciple de l'adversité, cette forte et puissante conseillère, il est tel qu'on pouvait l'attendre d'après les indices qu'avait donnés son premier âge. C'est un loyauté sans mélange, une générosité digne de sa naissance, un amour de toutes les choses grandes et élevées, un souvenir ineffaçable de la patrie et un sentiment profond du devoir. L'exil et le malheur s'entendent à élever les princes, et la Providence avait ses desseins, on le voit, quand elle a mis l'éducation de Henri de Bourbon dans les mains de ces deux puissants instituteurs.

Ajoutez à cela que, du sein de la terre étrangère, le fils du duc de Berri assiste aux événements contemporains, qni deviennent pour lui les plus hauts des enseignements. Dans ce cours d'histoire dont chaque année tourne la page vivante, c'est Dieu lui-même qu'il a pour instituteur et pour maître. Il n'est responsable de rien, et tout l'instruit ou le sert, même les revers qu'éprouvent ses amis. Quand sa mère lève l'étendard de la guerre en Vendée, elle ne réussit point à vaincre, mais, quelque jugement qu'on porte de sa tentative, elle réussit, par l'intrépidité qu'elle déploie, à arracher, de la bouche même de ses adversaires, l'aveu qu'elle a du sang de Henri iv dans les veines, et qu'elle a pu communiquer à l'enfant du 29 septembre ce sang belliqueux aussi vif et aussi bouillant que lorsqu'il faisait battre le cœur du Béarnais.

Que la révolution accumule les fautes, ces fautes à la responsabilité desquelles l'exil de Henri de Bourbon échappe, sont pour lui autant de leçons. Ce n'est pas lui qui peut être accusé de l'abandon de la Pologne, il est innocent du refus opposé aux offres de la Belgique qui se donne, il ne saurait être responsable des encouragements par lesquels on a poussé l'Italie à prendre les armes pour la livrer à sa mauvaise fortune, après l'avoir livrée au mauvais génie des révolutions; l'obéissance qu'on témoigne à l'Angleterre, l'impuissance qu'on montre en Orient, il n'est comptable de rien. Mais, dans ce grand spectacle que Dieu lui présente, il puise des instructions plus hautes et plus frappantes que celles qu'on trouve dans les livres. Il apprend tout ce qu'il y a de faux et de trompeur dans les principes qui ont renversé sa maison. Il assiste, du sein de son exil, aux déchirements intérieurs du libéralisme victorieux de tous les obstacles, à la chute de ses renommées, au renversement de ses maximes, à l'anéantissement de son système.

Ce n'est pas l'exilé de Kirchberg qui est responsable des luttes sanglantes de la république, des impossibilités du gouvernement parlementaire, de l'anarchie des choses et de l'anarchie des esprits. Mais toutes les phases de cette crise lui révèlent la puissance des principes une fois posés et la faiblesse des hommes pour les combattre; chaque déception du libéralisme instruit son exil, chacune des défaillances dont il est le lointain spectateur vient porter la lumière dans son esprit. Encore une fois, il est en dehors de tout et tout lui profite, tout lui sert d'enseignement, tout devient pour lui un avis éloquent. Les fautes du libéralisme lui tiennent lieu d'expérience, et il croît en force et en sagesse, pendant que le libéralisme se courbe sous le poids de ses fautes et de nos malheurs. Il apprend enfin deux grandes choses, deux choses dont la première l'attriste et dont la seconde l'enorgueillit : ce que c'est qu'une révolution de plus en France, et ce que c'est que la France de moins en Europe.

Lorsque nous contemplons la suite des événements depuis la naissance de Henri de Bourbon, il nous semble assister à deux éducations que la Providence conduit de front, celle de l'héritier de tant de monarques et celle d'un grand peuple. Pendant que l'enfant du 29 septembre est dans ces naïves années du premier âge, où tout semble sourrire à la pensée qui s'ouvre et au sentiment qui commence à naître, la France est aussi dans l'enfance de ses illusions et dans le premier âge des espoirs qu'elle a conçus sur la foi des promesses du libéralisme. Dieu, qui protège le peuple et le prince, sépare alors leurs destinées. L'éducation de celui-ci est confiée à l'adversité et à l'exil; l'éducation de l'autre est commise à une révolution, redoutable instituteur qui fait payer cher à ses disciples ses durs enseignements. Les deux éducations se poursuivent alors par des voies correspondantes sans être uniformes. Le grand pouple, trompé par de menteuses promesses, avait désiré le triomphe du libéralisme; ses vœux sont exaucés, et le triomphe de ses vœux devient pour lui une pénible, mais utile épreuve. Le prince n'avait aperçu que la fortune et la puissance dans ses jeunes rèves; c'est le malheur et l'exil qui se chargent de le réveiller, et l'adversité le soutrait aux flatteurs pour lui faire sucer une nourriture plus grossière, mais plus saine, et lui inculquer de plus mâles leçons. Le peuple ne peut nourrir aucune inimitié contre le prince, car il était innocent des fautes du passé par son âge, et il est innocent des malheurs du présent par son absence. Le prince ne peut éprouver aucune colère contre le peuple, car il n'a été personnellement l'objet d'aucune haine, d'aucune attaque; il a disparu dans une tempête qu'on avait point soulevée contre lui.

Il n'est pas ici question de l'avenir; l'avenir appartient à Dieu, et il serait téméraire aux hommes de vouloir soulever le voile qui le cache pour sonder la profondeur des arrêts providentiels. Il s'agit du présent, et nous voyons dans le présent, d'un côté, un jeune prince, élève de l'adversité et qui doit à cette inflexible maîtresse toutes les qualités de l'intelligence et toutes celles de l'âme; de l'autre un grand peuple, devenu le disciple d'une révolution qui l'a conduit par de rudes sentiers à la perte de ses illusions et à l'oubli de ses erreurs.